À la plage

Géraldine Aresteanu

milan

Cet après-midi, je vais à la mer. J'enfile mon **maillot de bain**, et je monte sur mon **vélo**.

FIRE
PP02

En chemin, je m’arrête devant un **manège**.
C’est parti pour un tour !

Oh, me voici arrivée à la plage ! J’entends
le bruit des **vagues** et je sens le **sable** chaud.

Pour aller au bord de l'eau, je mets mes **brassards**. Maman installe le **parasol**.

Le **drapeau** est vert ! Chouette,
je peux **me baigner** avec maman.

Encore ! **Plus haut** !

Je ramasse des **galets**, et je m'amuse
avec mon **seau**, ma **pelle** et mon **râteau**.

Qui veut jouer aux **raquettes** ?

BEACH
ball

Avant de quitter la plage, je mange
une délicieuse **glace** à la framboise. Miam !

Dans la même collection :

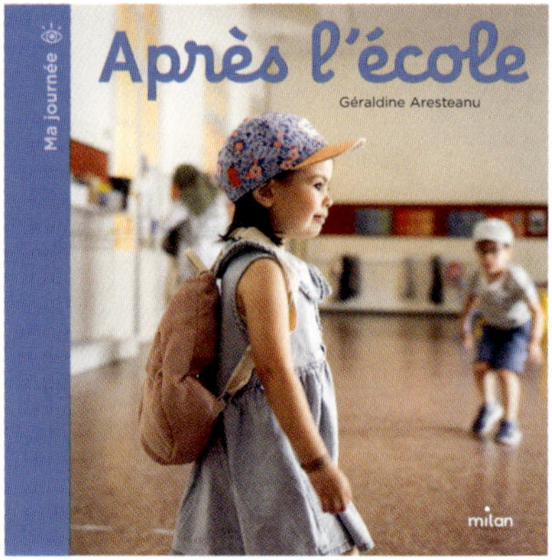